Arthur

La Police, le Crime et le Vice à Berlin

Essai

Le code de la propriété intellectuelle du 1er juillet 1992 interdit en effet expressément la photocopie à usage collectif sans autorisation des ayants droit. Or, cette pratique s'est généralisée dans les établissements d'enseignement supérieur, provoquant une baisse brutale des achats de livres et de revues, au point que la possibilité même pour les auteurs de créer des œuvres nouvelles et de les faire éditer correctement est aujourd'hui menacée. En application de la loi du 11 mars 1957, il est interdit de reproduire intégralement ou partiellement le présent ouvrage, sur quelque support que ce soir, sans autorisation de l'Éditeur ou du Centre Français d'Exploitation du Droit de Copie , 20, rue Grands Augustins, 75006 Paris.

ISBN : 978-1719323611

10 9 8 7 6 5 4 3 2 1

Arthur Raffalovich

La Police, le Crime et le Vice à Berlin

Essai

Table de Matières

La Police, le Crime et le Vice à Berlin

Si l'on consulte les chroniques berlinoises, on trouve qu'au lendemain de la guerre de Trente ans les deux villes sœurs de Berlin et de Kölln sur la Sprée étaient en pleine décadence : la population était descendue de 12,000 à 6,000 habitants ; sur les 1,209 maisons existantes en 1645, 350 étaient vides ; une partie en tombait en ruines, et, faute de propriétaires ou de locataires, ne payait pas l'impôt. Beaucoup de toits étaient couverts de chaume, les rues n'étaient pas pavées pour la plupart, celles qui l'étaient n'en valaient guère mieux. Les détritus étaient amoncelés devant les portes, au risque d'encombrer la voie publique, ou bien précipités dans la Sprée. Les égouts étaient obstrués et répandaient une odeur infecte. Les ponts menaçaient de s'écrouler ; ils étaient impassables pour les chariots lourdement chargés. Parmi les habitants, un bon nombre vivaient de l'agriculture et de l'élevage, et comme dans une petite localité rurale, des étables attenaient aux maisons. Les arrêtés du conseil communal restaient inexécutés, faute d'énergie, et surtout faute de ressources. Après la paix de Westphalie, le grand électeur tourna son attention vers la capitale de ses États, il substitua son autorité en 1660 à celle du conseil, incapable de remplir ses attributions les plus élémentaires. Sous une main plus ferme, l'ordre et la propreté renaissent ; dès 1666, la prospérité est si bien revenue que l'électeur se plaint du luxe excessif des habitants. En 1680, ceux-ci s'élèvent déjà à 9,800. Grâce à cette ingérence du souverain, il est interdit d'engraisser des porcs dans la ville, les rues se pavent de nouveau, elles s'éclairent la nuit et l'on organise la police. Un canal met Berlin en communication avec l'Oder ; les deux marchés annuels sont transformés en foires avec les privilèges habituels. Lors de la construction des travaux de fortification, on incorpore deux faubourgs. L'asile offert aux réfugiés huguenots amène des éléments incomparables pour le développement de la ville, dans laquelle on laisse aussi rentrer les juifs [1], et qui compte en 1685 17,400 habitants. En 1709, la population est de 56,000 habitants et la ville ne cesse de s'étendre. L'anarchie administrative était grande ; l'agrandissement de la ville s'était fait de pièces et de morceaux ; on avait laissé subsister des autorités diverses, des juridictions séparées ; il éclatait sans cesse des conflits de compétence. En 1693, on avait cru y remédier en créant une direction de la police unique, qui ne dura pas. En 1709, le roi Frédéric réunit en une seule ville les portions indépendantes et remplaça par une seule les quatre autorités communales, tout en maintenant les titulaires actuels, leur vie durant. Il en forma le *Magistrat*, composé de 4 bourgmestres, 2 syndics et 10 conseillers, auxquels l'administration urbaine fut confiée. Le *Magistrat* partageait la gestion de la police avec un fonctionnaire royal, et le roi se réservait un droit illimité de contrôle sur les actes de l'autorité locale. Les conseillers municipaux, jadis élus par la bourgeoisie et les métiers, furent nommés à vie par le collège du Magistrat.

Frédéric-Guillaume Ier se donna comme tâche de pourvoir sa capitale de ce qui pouvait en faire une véritable grande ville : il en agrandit le territoire, fit tomber les anciennes fortifications intérieures, activa les constructions : de 1721 à 1737, on édifia 985 maisons neuves dans la Friederichstadt. A sa mort, la population montait à 68,691 habitants, sans compter 21,309 hommes de la garnison militaire (1740). Le roi ne se montra pas satisfait de la manière dont fonctionnait le Magistrat : à diverses reprises, des commissions royales furent chargées de vérifier les comptes, de proposer des budgets, d'élaborer un plan de réorganisation. Le point le plus faible, celui qui provoquait le plus de plaintes, c'était toujours encore la police. L'édit du 16 juillet 1735 le constatait ouvertement : l'organisation de la police de la résidence est tombée dans la plus grande confusion et le plus grand désordre, par suite de la multiplicité des juridictions et des privilèges dont les contrevenants prétendent se prévaloir. Le roi ordonna de nommer deux maîtres de police, qui seraient assistés chacun du personnel nécessaire des sergents de ville. Ils devaient pourvoir à l'exécution des mesures de police, surveiller la circulation dans les rues et les marchés publics. Enfin la compétence du *Magistrat* était proclamée à l'égard de tous les habitants sans distinction, en matière de contraventions de police, même à l'égard des officiers et soldats. Le gouvernement recevait l'ordre d'aider et de protéger le Magistrat dans l'exercice de ses attributions, et de donner force exécutoire à ses arrêts. Le nouvel arrangement ne fit pas cesser les plaintes contre la police municipale. Aussi dès son avènement au trône, Frédéric le Grand résolut d'en enlever l'administration à l'autorité communale et de la confier à un fonctionnaire royal (1742). Un rescrit du 16 janvier nomma directeur de police le conseiller de guerre et bourgmestre Kircheisen, en soumettant à son autorité tous les habitants de Berlin sans distinction ; c'était un triomphe de l'égalité de fait devant la police. Le roi avait pris soin de régler lui-même les relations entre le directeur de police et le Magistrat, qui n'avait plus que voix consultative ; les arrêtés seraient rendus au nom du roi, non plus de la ville. On donna trois auxiliaires au directeur de police, dont l'un représenta les intérêts de la colonie française. En même temps on organisait les cadres de la police, on divisait la ville en dix-huit commissariats de quartier. Tous les fonctionnaires étaient responsables devant le directeur de police et dépendaient de lui. C'est ainsi que l'autorité communale, dont les mains étaient trop faibles pour assurer l'efficacité des services, se vit enlever les attributions de police, qui furent définitivement transférées à l'État, et celui-ci les a gardées jusqu'à présent.

Les attributions et la compétence du directoire de la police (*Polizeidirectorium*) avaient été déterminées en 1742 et 1747 ; elles portaient en première ligne sur la surveillance des métiers, sur le contrôle de l'alimentation, notamment sur les marchés publics, le colportage, les poids et mesures, les cabarets, débits de boisson, maisons publiques. Le directoire de police était chargé de déterminer les taxes pour le pain, la viande, la bière, le bois, de veiller à ce qu'aucun ouvrier ne fût mal traité au point de vue du salaire et à ce que les marchands d'articles de consommation courante ne demandassent pas de prix exagérés. Il devait assurer l'approvisionnement de la capitale en céréales, en pain, en viande, en poisson, en bois, en fourrage, contrôler les stocks, administrer les greniers publics. Dans les bonnes années, on achetait les céréales qui ne trouvaient pas d'acquéreurs et on les revendait, au-dessous du prix du jour, aux indigents dans les années de disette. Ces achats avaient lieu aux frais de la caisse municipale (1,500 thalers par an de 1709 à 1748, plus tard 1,000 thalers). La police avait à s'occuper des domestiques, des étrangers, de la sécurité dans les rues, de l'observance des dimanches et fêtes, du service des pompiers. On lui avait enlevé le nettoyage des rues, qui avait été confié à une autorité spéciale. Au XVIIIe siècle, Berlin passait pour l'une des villes où l'on savait le mieux se rendre maître des incendies ; les bourgeois fournissaient un corps de pompiers, divisé en vingt-quatre compagnies, qui alternaient dans le service mensuel. Tous les ans, une inspection des maisons avait lieu et l'on s'assurait qu'il s'y trouvait la quantité de seaux et de tuyaux réglementaire. La sécurité des rues pendant la nuit était confiée à la garde de nuit, composée de 2 officiers et 52 gardiens.

Le *Stadtpräsident* n'était pas seulement chef de la police, chargé de l'autorité exécutive ; il remplissait en même temps des fonctions judiciaires et prononçait les pénalités en cas de contravention. La procédure usitée était sommaire et expéditive, suivant l'instruction donnée par le roi. La moitié des amendes revenait à la ville, le reste était partagé entre les fonctionnaires et les agents. Le président avait également à prononcer dans les différends entre patrons et ouvriers ou domestiques.

Au commencement du XIXe siècle, lors de la réorganisation de l'administration communale, l'État accorda à la ville une subvention qui couvrait un tiers environ des dépenses de la police (6,748 thalers, tandis que la caisse municipale et les recettes spéciales couvraient 14,467 thalers). Dès 1681, l'électeur de Prusse avait, pris à sa charge le coût du nettoyage des rues, du service des incendies et de la garde de nuit : c'était une compensation destinée à adoucir pour les habitants l'introduction de l'accise. A la fin du siècle dernier, les rues n'étaient éclairées que de septembre à mai ; et en 1785, on ne comptait que 2,354 lanternes.

Nous ne poursuivrons pas plus loin cette esquisse historique. Nous avons hâte d'arriver à une période contemporaine. Nous n'avons pas non plus à nous étendre sur l'organisation de l'administration municipale de Berlin, qui a été étudiée à diverses reprises ici même.

N'est-il pas curieux de rappeler que la loi de 1808, qui appela Berlin au gouvernement de ses affaires, ne fut d'abord pas accueillie avec enthousiasme. Les bourgeois de la capitale virent moins dans le régime nouveau le retour à la liberté que le surcroît des charges. « Habitués à vivre par le prince dont Berlin était la résidence, ils trouvèrent dur de pourvoir eux-mêmes à leurs besoins. » Mais ces sentiments se modifièrent rapidement. Aujourd'hui la municipalité de Berlin se trouve à l'étroit dans le domaine fort étendu qui lui a été concédé ; elle n'hésite à assumer ni charges ni responsabilités nouvelles, en vue d'une extension de ses prérogatives. Il n'est plus d'ailleurs qu'un seul point sur lequel la municipalité puisse encore rêver des conquêtes. Elle est maîtresse des services de la ville, sauf en ce qui concerne la police. La police locale, aussi bien que la police générale, est entre les mains de l'État ; ce n'est pas une exception au droit commun, faite seulement pour la capitale ; une loi de 1850 autorise cette mainmise de l'État sur la police locale dans toutes les grandes villes de l'État.

L'organisation actuelle de la présidence de police a été réglée par un ordre royal du 18 septembre 1822, qui réunissait en un seul le département de Berlin et l'intendance de police. Les attributions de la présidence de police sont celles des préfectures royales, en tant qu'autorités provinciales, augmentées des services de la police locale. Depuis 1822, des modifications ont été introduites, notamment en ce qui concerne l'extension territoriale. Remarquons, en passant, que le château royal fait partie du district de police, mais non point du district communal de la ville. Les pouvoirs de surveillance et de contrôle, au point de vue de la sécurité, s'étendent sur Charlottenbourg.

Il y avait eu de nombreuses contestations, portant sur des questions de finances et de juridiction entre la ville et la présidence de police. La convention de 1844, renouvelée en 1879, y mit un terme. La ville s'engagea notamment à construire sur l'Alexanderplatz un édifice destiné à recevoir les bureaux, à loger le président, ainsi qu'une prison.

On a eu, à diverses reprises, le projet de décentraliser, de diviser la ville en grands districts indépendants, à la tête desquels serait un maître de police indépendant, tout en conservant une autorité centrale supérieure, mais les inconvénients ont paru dépasser les avantages.

Comme nous le disions plus haut, Berlin durant des siècles a été dépendant pour tout ce qui touchait à son bien-être, à son embellissement, de l'activité du souverain. Les habitants, redoutant les charges et les soucis de l'autonomie administrative, suppliaient le prince de continuer sa bienfaisante tutelle. Sous le régime à la fois parcimonieux et paternel de Frédéric-Guillaume III, Berlin n'était encore qu'une ville de province, avec toute sorte de préventions et de préjugés mesquins. L'essor de la vie politique, l'introduction d'un parlement, firent beaucoup pour étendre les idées et stimuler toutes les branches de l'activité nationale : la capitale de la Prusse en bénéficia l'une des premières. Il est incontestable que, jusque vers le milieu du siècle, l'autorité communale manqua d'énergie, d'initiative, qu'elle plia sous le poids de la responsabilité, et que les améliorations furent l'œuvre des représentai de l'autorité publique. Le président de Hinckeldey (1848-1856) dota la ville d'institutions utiles, de travaux indispensables dont l'administration d'ailleurs se trouve depuis de longues années dans les attributions communales. Cela ne s'est pas fait sans conflit ni sans accusation d'empiétement lancée contre le président de police[2].

Le président de police réunit les attributions qui, à Paris, sont partagées entre la préfecture de la Seine et la préfecture de police. Sous ses ordres se trouvent la police de sûreté, le service de la salubrité, la surveillance de la voirie, des marchés, des constructions, des voitures, la police des mœurs. Vis-à-vis de la municipalité de Berlin, qui jouit d'une grande autonomie administrative et qui s'en montre digne pour l'économie de sa gestion financière, le président de police exerce certains droits de contrôle : c'est lui qui représente l'État dans ses relations avec la commune, et qui est l'organe du pouvoir exécutif. La municipalité contribue pour une part considérable à certaines dépenses, c'est elle qui couvre les frais de l'uniforme des sergents de ville (*schutzleute*), qui fournit les locaux où ils stationnent, tandis que l'État paie la solde ; de même les pompiers figurent au budget de la ville. Mais eux, aussi bien que les Schutzleute, sont sous la direction du président de police. Les sergents de ville à Berlin ne font que le service de jour ; la nuit, la capitale est confiée aux veilleurs de nuit, qui sont sous les ordres du président de police, portent un uniforme spécial, et sont munis d'un sifflet et d'un sabre. Leur service dure de dix heures à cinq ou six heures du matin, suivant la saison. Ils sont au nombre de 500, tandis que l'effectif des sergents de ville est de 3,500, dont 220 sont montés. Tous les sergents de ville sont d'anciens sous-officiers, qui doivent avoir une taille variant entre 1m,67 et 1m,70. Ils ont passé neuf ans dans l'armée ; on ne prend que ceux qui se sont fait remarquer par leur bonne conduite, leur zèle et leur assiduité. La population les respecte et vit avec eux en excellente intelligence, bien que parfois leur manière d'agir sente les habitudes militaires et ne soit pas exempte de brusquerie. Le Berlinois est habitué à se soumettre aux injonctions du sergent de ville, et les jours de parade, un agent suffit pour tenir en respect les curieux sur une assez grande étendue. Le moral du corps des sergents de ville est bon, parce qu'ils se savent soutenus aussi bien par le public que par l'autorité supérieure ; celle-ci punit toute faute et toute négligence de leur part ; mais, le cas échéant, elle n'abandonne pas ses subordonnés, elle sait les protéger. Les sergents de ville sont sous les ordres de 1 colonel, de 16 capitaines, de 105 lieutenants et d'un certain nombre de sous-officiers. La ville est divisée en quatre-vingt-deux districts. A la tête de chaque district, il y a un lieutenant de police, qui dispose de 2 sous-officiers, de 2 télégraphistes, 2 expéditionnaires, 12 sergents de ville et 2 agents de la sûreté. Le district est subdivisé en petits îlots, confiés chacun à un sergent de ville. Le capitaine de police exerce la surveillance sur plusieurs districts, qui forment son arrondissement. Il y a dix arrondissements.

A côté de cette police extérieure, qui veille à l'exécution des lois et règlements, qui maintient l'ordre dans les rues, il y a la police de sûreté, dont la mission est de découvrir les auteurs de crimes et délits, de surveiller les classes dangereuses, de manière à empêcher autant que possible la perpétration d'actes attentatoires à la sécurité des personnes et des propriétés. Le chef de la police de sûreté est le comte Puckler. Sur sa demandera police des mœurs a été également rattachée à ses attributions. Les relations entre prostituées et malfaiteurs sont tellement étroites, qu'il y a nécessité de coopération entre ces deux branches de la police, et qu'il y a un intérêt considérable à leur donner un chef unique.

Le service de la sûreté est fait par des agents revêtus de l'habit civil et armés dans leurs excursions à travers les quartiers dangereux d'un revolver, qu'on leur a fourni tout récemment, à la suite de quelques rencontres avec des malfaiteurs munis d'armes. Le revolver est destiné à donner plus d'assurance à l'agent, qui a pour instruction stricte de ne s'en servir qu'à la dernière extrémité. Comme je l'ai dit plus haut, à chaque commissariat sont attachés deux agents de la sûreté, sans compter ceux de la brigade centrale. Les agents de quartier sont spécialement chargés de la surveillance des revendeurs, des prêteurs sur gages, de toutes les personnes suspectes ayant un domicile fixe.

Nous aurons plus tard l'occasion d'insister sur la division du travail qui s'est faite dans les classes dangereuses. Les malfaiteurs de Berlin s'adonnent à une spécialité dont ils sortent rarement. Il en résulte une habileté plus grande de la part des voleurs de profession. Afin de ne pas rester désarmée, la police a dû également avoir ses spécialistes, et à chaque grande catégorie professionnelle, on oppose un commissaire de la sûreté, chargé exclusivement des affaires se rapportant à la catégorie. Un fonctionnaire s'occupe des vols par effraction, un autre des vols dans les garnis et les chambres à la nuit, un troisième des escrocs et des joueurs, un quatrième des souteneurs, etc. La même division a été appliquée dans l'album des criminels que j'ai pu feuilleter et qui est naturellement fort intéressant. Cet album a une utilité incontestable, et, grâce à la classification adoptée, lorsqu'une personne vient se plaindre d'avoir été victime d'un vol, on lui montre les photographies des voleurs connus pour pratiquer le genre spécial. Cela facilite la reconnaissance du voleur. Mais souvent lorsqu'on amène l'individu dont la photographie a été déclarée ressemblante, la victime hésite et ne reconnaît plus avec certitude.

Berlin est l'une des capitales européennes dont la population s'est le plus rapidement accrue. En 1840, elle ne comptait que 300,000 habitants ; en 1850, elle en avait déjà 600,000 ; 826,000 en 1871 ; 966,000 en 1875. Elle en renfermait 1,578,000 en 1890. C'est une progression annuelle [3] d'environ 4 pour 100, qui dépasse celle de Londres et de Paris. Sur ce chiffre, 40 pour 100 seulement des habitants sont nés à Berlin même ; l'accroissement de la population est le résultat de l'immigration incessante de la province. Celle-ci a été stimulée par la transformation de Berlin en capitale de l'empire, par la concentration des grandes administrations de l'État, par le développement du commerce et de l'industrie. Le nombre des fabriques va grandissant, et le contingent de la population ouvrière est excessivement considérable. On sait que le parti socialiste y dispose d'un grand nombre d'adhérents [4].

L'attraction des grandes agglomérations d'hommes est un fait connu. On afflue vers la capitale dans l'espoir d'y trouver de l'occupation et un gagne-pain plus facilement qu'en province, et, une fois qu'on s'y est établi, on se décide malaisément à s'en retourner, même si la lutte pour l'existence y est aussi pénible qu'à la campagne ou dans les petites villes. La proportion de ceux qui quittent Berlin chaque année est très faible. Une capitale n'est pas moins recherchée par les éléments dangereux et fainéants d'une nation. Le voleur, le mendiant de profession, et la fille y trouvent des ressources qu'ils n'auraient pas ailleurs ; aussi n'y a-t-il rien de surprenant dans le chiffre de 21,000 personnes ayant subi des condamnations, connues de la police et vivant à Berlin, que donne le rapport de la présidence de police pour 1880. Ce chiffre a dû augmenter dans l'intervalle. Il y avait également 1,200 personnes vivant à Berlin et soumises à la surveillance de la police. Celle-ci connaissait le domicile seulement du tiers, et cela malgré le système perfectionné de l'inscription des locataires, qui fonctionne en Allemagne. Tout propriétaire, tout locataire principal, toute personne ayant des domestiques, est tenu de faire inscrire au bureau de son district le nom, l'âge, etc., de quiconque loge dans sa maison ou dans son appartement. Ces renseignements sont centralisés dans un service de la présidence de police, où, moyennant 25 centimes, on peut se renseigner sur l'adresse de quiconque habite Berlin. La contravention, la non-inscription, est punie d'une amende de 37 fr. 50 au maximum. Le service de la sûreté est rendu plus facile par cette obligation imposée aux habitants. Mais cela n'empêche pas les gens qui ont intérêt à se cacher de dissimuler leur présence. Il leur suffit, de trouver asile chez des amis qui ne les fassent pas inscrire à la police, de changer souvent de logement, de sortir le soir ou la nuit, et le monde du crime à Berlin n'agit pas autrement sous ce rapport que celui des autres capitales.

Il est impossible d'évaluer le nombre de voleurs, d'escrocs, de gens à existence louche qui vivent dans une grande ville. La statistique est impuissante à en faire le recensement. On connaît approximativement le nombre des gens qui ont subi des condamnations, celui des filles inscrites est de 4,000 à Berlin. Il est tout aussi difficile de réunir des informations précises sur les mœurs, sur l'organisation du monde du crime. De temps à autre, un procès retentissant vient jeter de la lumière sur les habitudes, les accointances des malfaiteurs, ou bien, un écrivain, en quête de pittoresque, accompagne une descente de police dans un bouge mal famé, et livre le lendemain une description plus ou moins typique à un journal ou à une revue. Il n'y a guère qu'un homme de la partie, un juge d'instruction ou un employé de la police, qui soit en mesure de fournir au public un tableau exact des dessous de la société. Nous avons sous les yeux un essai de ce genre : c'est un volume de 250 pages environ : *Die Verbrecherwelt von Berlin*, par O. E., qui a fait une assez grande sensation en Allemagne et dont la lecture nous a vivement intéressé. L'auteur connaît admirablement la matière dont il parle, il écrit sans phrases, et les conclusions auxquelles il arrive sont marquées au coin du bon sens. Il évalue à environ 30,000 le nombre des malfaiteurs de toute catégorie, « de la haute et de la basse pègre. » On connaît à Berlin peu de familles criminelles, composées de parents qui élèvent systématiquement leurs enfants pour le vol. Cela n'empêche certainement pas l'influence de l'hérédité de se faire sentir : si les enfants tournent mal, la faute en est au milieu bien plus qu'aux enseignements directs, qui sont fort rares.

Berlin souffre de l'insalubrité et de l'encombrement des logements, pour le moins autant que les autres capitales d'Europe et d'Amérique, et cela malgré la vigilance de la police et un grand nombre de règlements concernant l'hygiène et la construction des maisons. 75,000 logements à Berlin, abritant 270,000 personnes, se composent d'une seule pièce. La densité de la population sur certains points est énorme, elle est fort nuisible à la santé morale et physique des habitants. Les descriptions faites par M. le docteur du Mesnil, M. d'Haussonville et M. Maxime Du Camp, des quartiers misérables de Paris s'appliquent également à Berlin ; c'est la même saleté, le même dénuement. Peut-être plus qu'en France, trouve-t-on en Allemagne l'habitude de prendre un ou deux coucheurs à la nuit, qui s'étendent par terre, et partagent au besoin ! e lit du mari et de la femme.

Ces bouges servent de logements à la population pauvre, à l'ouvrier honnête et à sa famille, au voleur de profession. L'influence moralisatrice de l'école est très souvent impuissante à combattre l'effet corrupteur de ces habitations encombrées, où toutes les promiscuités existent. Le vice et la débauche, la brutalité s'y apprennent tout seuls. A Berlin, le nombre des adolescents qui pratiquent le vol est très considérable. Les gamins enlèvent les objets, jouets ou friandises, à l'étalage des boutiques, s'emparent de pigeons ou de chiens. Les petits sapins qu'on vend en décembre pour en faire des arbres de Noël exercent une fascination extraordinaire sur les voleurs précoces. A côté de la mansarde démeublée et du ruisseau, certains cabarets mal fréquentés servent d'académie du crime. Berlin abonde en débits de boissons de toute nature, plus de 6,000, soit un pour 200 habitants. Ici, comme ailleurs, la profession de débitant est le dernier refuge pour des gens qui n'ont pas réussi et qui préfèrent un métier facile. Comme les malfaiteurs ont besoin de communiquer entre eux, c'est au cabaret qu'ils se rencontrent et se donnent rendez-vous. La classe inférieure fréquente de préférence les débits d'eau-de-vie. La police en tolère l'existence, parce qu'il lui convient que les classes dangereuses aient des lieux de réunion connus d'elle. Le cabaretier lui sert parfois d'auxiliaire, le plus souvent il est muet et ne sait rien. C'est tout au plus s'il y a à Berlin une vingtaine de cabarets dont la clientèle se recrute exclusivement dans le monde du crime. Ces cabarets, situés aux extrémités de la ville, sont presque tous dans le sous-sol ; ils n'ont pas d'écriteau flamboyant, et le soir, la lumière arrive au dehors, tamisée par des rideaux. Les habitués sont des voleurs de profession, des indicateurs de coups à faire, ou des receleurs. Tout ce monde s'entretient à voix basse, boit et joue aux cartes. Les disputes sont rares ; dès qu'une querelle risque de devenir bruyante, les voisins interviennent pour empêcher tout scandale.

Parfois la porte s'ouvre, une tête se glisse et crie : *Lampen* ! À ce mot, un sauve-qui-peut général par toutes les issues ; l'hôtelier ramasse rapidement les verres, et, lorsque la police arrive, le local est vide. A Berlin comme à Francfort, les cabarets de cette catégorie ont une chaîne d'avant-postes ; ce sont de pauvres diables qui, pour quelques sous, montent la garde et préviennent en courant qu'il y a des gens suspects à l'horizon. Lorsque la descente de police est combinée de manière que les issues soient cernées et qu'on saisisse quelque malfaiteur contre lequel un mandat a été lancé, celui-ci se rend d'ordinaire sans opposer de résistance. Il obéit tranquillement à l'agent de police. Il est bien rare qu'il se défende à coups de couteau. La violence n'est d'ailleurs pas habituelle aux malfaiteurs berlinois : ils préfèrent la ruse et l'adresse. Les meurtres sont rares dans la capitale. Ces cabarets ont d'ordinaire une chambre sur la cour dans laquelle on se livre parfois à des orgies et où le Champagne n'est pas inconnu.

Les gens sans asile trouvent à se loger à Berlin moyennant 0 fr. 12 1/2, mais quels logis ! sous terre, dans des caves ou dans d'anciennes remises. C'est là que les voleurs de profession viennent recruter des apprentis, auxquels on commence par abandonner quelques besognes faciles : faire le guet, par exemple, emporter le butin. Peu à peu, si l'apprenti fait preuve de bonnes dispositions, il avance en grade. En même temps, il est affublé d'un sobriquet qui remplace son véritable nom.

Le nombre des arrestations pour mendicité a diminué de 19,000 en 1881, à 6,636 en 1890, celles pour vagabondage et manque de domicile, de 12,000 à 9,000.

Berlin compte trois asiles de nuit : tout d'abord, l'asile municipal, nouvellement construit, qui renferme dix dortoirs chacun pour 70 personnes qui dorment sur des bancs de bois.

On a installé des bains pour 20 personnes, soit douches, soit bains complets. Pendant le bain, les vêtements sont soumis à la désinfection dans des étuves. La réception commence à quatre heures de l'après-midi et dure jusqu'à deux heures de la nuit. A huit heures et demie, chacun reçoit 5 décilitres de soupe et 200 grammes de pain ; le matin, au départ, même ration. Ce sont les agents de la municipalité qui sont chargés du maintien de l'ordre. En 1890, on a reçu 214,541 hommes et 12,834 femmes. La plus grande fréquence se produit en décembre et la moindre en été. Il existe en outre deux asiles privés qui ont reçu 108,000 hommes et 15,447 femmes en 1890. Le même individu n'est reçu que cinq fois dans le courant du mois.

Quant à ceux qui fréquentent l'asile municipal trop assidûment, ils sont mis le matin en présence d'un fonctionnaire de la police qui leur donne cinq jours pour se procurer un domicile ; à défaut de cela, ils sont conduits au petit parquet.

Les personnes âgées de plus de soixante ans ou celles qui sont invalides ne sont pas soumises à cette règle.

Il en résulte que l'asile municipal compte un certain nombre d'habitants permanents [5].

Le malfaiteur berlinois présente les mêmes traits caractéristiques que ses confrères étrangers. Il est dévoué à ses complices, considère la trahison comme le plus noir des crimes, ment avec effronterie. Il jouit d'un grand prestige en province. Michael Davitt, dans ses *Mémoires de prison*, constate le même phénomène pour l'Angleterre : le voleur de Londres est un personnage aux yeux des collègues de Manchester ou de Bedford. Le Berlinois semble posséder une fertilité de ressources considérable, une promptitude de réplique extraordinaire et s'entend fort bien à la fabrication de faux alibis. Il y a des gens dont la profession consiste à venir déposer en faveur d'individus qu'ils n'ont jamais vus. Dans le cours de l'instruction, au Palais de Justice, les communications entre prévenus et témoins ont lieu sous le nez des gardes, et au tribunal même, le malfaiteur fait des signaux que le témoin comprend aussitôt.

Si on examinait les différentes catégories de crimes, on trouverait que les meurtres sont relativement peu nombreux, étant donné le chiffre de la population et en proportion de ce qui se passe dans d'autres grandes villes [6].

La police reçoit souvent la dénonciation de crimes, notamment d'empoisonnement, mais, le plus souvent, l'enquête faite montre le peu de fondement. On a pu remarquer que, dans les assassinats, lorsque tout indice manquait à l'instruction, la découverte du coupable était souvent l'œuvre du hasard ou d'une imprudence du criminel, imprudence qui semble d'autant plus incompréhensible que le crime a été habilement préparé et exécuté.

Ainsi le meurtrier Conrad, après avoir assassiné sa femme et ses enfants, écrivit à la jeune fille qu'il voulait épouser, que sa femme était morte subitement. Or, par le timbre de la poste, on put déterminer que la lettre avait été jetée à la boîte à un moment où le cadavre n'avait pas encore été découvert.

Sobbe, qui avait loué une chambre afin d'y assassiner et d'y voler un facteur de la poste, se laissa entraîner par la vanité, à montrer, dans un débit du voisinage, son passeport militaire à des gens qui ne voulaient pas croire qu'il eût été sous-officier.

Enfin, Guntzel demanda de grand matin, alors que le meurtre du négociant Kreis n'avait pas encore été découvert, à une marchande de journaux si les feuilles parlaient déjà du crime.

Il vaut la peine de faire observer que les deux procès de cour d'assises qui ont lait le plus de bruit à Berlin, celui de Dickhof et celui de Heinze, se rapportaient à des crimes qui avaient eu comme acteurs des individus pris dans les bas-fonds de la société.

Dans la liste des crimes berlinois, on rencontre peu des drames passionnels qui émeuvent Paris.

Deux procès en 1882 et en 1891 ont eu un grand retentissement à Berlin, parce qu'ils ont déchiré brutalement le voile complaisamment étendu sur l'organisation et les agissements du monde du crime.

Il y a vingt-cinq ans, un meurtre, demeuré célèbre, fit naître une vive émotion. Une personnalité très connue à Berlin, le professeur Gregy, qui entretenait des relations avec une fille nommée Fischer, fut assassiné par elle et le souteneur de celle-ci, le serrurier Grothe, avec la complicité d'une entremetteuse, dans une cave, au milieu de circonstances horribles. Le cadavre, dépecé, fut précipité dans la rivière. Les auteurs, découverts, furent exécutés. C'était à une époque où Berlin était encore relativement une petite ville et où la tâche de la police était plus facile.

Le procès Dickhof, en 1882, a fait plus de bruit, et cela ajuste titre. Le héros était un des criminels les plus redoutables qui se soient assis sur les bancs de la cour d'assises ; s'il a échappé à une condamnation capitale, c'est que la démonstration de sa participation directe à l'assassinat des deux femmes, tuées l'une en 1876, l'autre en 1882, n'avait pas été complète ; mais le tableau de l'existence menée par Dickhof, pendant de longues années, a suffi pour faire naître dans l'esprit des jurés des présomptions morales suffisantes à amener un verdict de culpabilité, qui a permis de le condamner aux travaux forcés à perpétuité.

Dickhof, marié à une blanchisseuse et demeurant dans un petit village des environs de Berlin, exerçait, en apparence, le métier de commissionnaire ; c'était un intermédiaire qui entreprenait aussi bien de porter une lettre que de négocier la vente d'une propriété valant quelques centaines de mille marks. C'est ainsi qu'à un moment donné, il devint acquéreur d'une propriété de 300,000 marks, dont il vendit le bétail et l'outillage, et qu'il repassa à un homme de paille. Après avoir fait d'assez gros bénéfices durant la période d'agiotage de 1872-1873, comme courtier, il ne tarda pas à être réduit aux expédiens, et c'est alors qu'il se chargea volontiers de faire fructifier les économies amassées par les vieilles femmes qu'il devait assassiner plus tard. En réalité, Dickhof menait une existence en partie double.

A côté de sa profession de commissionnaire, il était en même temps chef de bande et inspirateur d'une série de crimes contre la propriété, dont les complices, découverts et condamnés, ne l'ont jamais trahi. Sa spécialité était d'explorer le terrain, et, pour cela, son métier de commissionnaire lui procurait des entrées dans les maisons ou dans les bureaux. Les complices habituels de Dickhof firent tous leurs efforts pour lui constituer un alibi ; durant les dix jours que dura le procès, on vit défiler comme témoins, des types absolument extraordinaires, recrutés parmi les gens sans aveu, et dont les clients du commissionnaire Dickhof ne soupçonnaient pas les relations avec celui auquel ils confiaient leurs courses.

L'impression produite par les révélations du procès fut si intense, que le ministre de la justice et le ministre de l'intérieur réunirent une commission chargée d'étudier les moyens de renforcer l'action de l'autorité publique contre les agissements des malfaiteurs. Une autre affaire qui a provoqué l'intervention de la législation et qui a même fait sortir l'empereur Guillaume de la sérénité qu'un souverain observe ordinairement à l'égard des plaies les moins avouables de la société, c'est le procès Heinze, dont les débats occupèrent Berlin pendant plus de huit jours, au mois d'octobre 1891.

On sait que Berlin est gardé la nuit par des veilleurs qui jouent à la fois le rôle de portiers et celui de sergents de ville. Armés de toutes les clés du quartier qu'ils surveillent, ils ouvrent, moyennant une légère rétribution, la porte cochère à quiconque a oublié son passe-partout. C'est là leur principale occupation dans le centre de la ville, où les rues sont sûres ; il n'en est pas de même dans les quartiers excentriques où s'entasse la population des faubourgs. Là, ils sont souvent en contact avec les souteneurs qui pullulent dans ces parages.

Une nuit de septembre 1888, un de ces gardes de nuit fut assailli par une bande de malfaiteurs qu'il gênait dans l'effraction de la porte d'une église (cependant les églises de Berlin sont bien pauvres) et assassiné.

Peu de temps après le crime, une femme publique, nommée Heinze, offrit ses services à la police comme indicatrice ; elle fournit des renseignements assez précis sur le crime, elle reconnut même, dans la collection des photographies de la sûreté, un individu qu'elle prétendit être l'auteur principal de l'assassinat, mais celui-ci parvint à démontrer victorieusement un alibi, et la police conçut des soupçons contre le mari de la Heinze et celle-ci. C'était un triste ménage : la femme, plus âgée de quinze ans que son mari, avait épousé un souteneur, uniquement pour se soustraire au contrôle de la police des mœurs.

Toute une série de circonstances ont attiré l'attention sur le procès. Les avocats, chargés de défendre les accusés, se firent remarquer par leur attitude agressive contre le président des assises, par les rafraîchissements et le Champagne qu'ils se firent apporter à l'audience, par le conseil qu'ils donnèrent aux Heinze de ne pas répondre aux questions pouvant les incriminer, et par la demande d'un supplément d'information. Au bout de quelques audiences, le procès fut interrompu et renvoyé à une autre session.

Comme je l'ai déjà dit, les attentats contre la vie sont relativement rares à Berlin. Une comparaison avec d'autres capitales tournerait à l'avantage de l'Allemagne. En revanche, la propriété y est d'autant plus menacée, et, sous le rapport des vols, Berlin occupe la première place. Les voleurs forment en quelque sorte le noyau des malfaiteurs de profession, les autres se groupent autour d'eux. Leur organisation, d'après l'auteur anonyme du *Monde du crime*, serait due, dans une certaine mesure, à des juifs de Posnanie. Au commencement du siècle, il existait, dans cette province de la Prusse, une caste de voleurs vivant exclusivement du vol et qui élevaient leurs enfants dans le métier. La campagne et les petites villes ne leur offraient pas de butin suffisant, ils entreprenaient des voyages d'affaires à Berlin et à Breslau, jusqu'à Francfort-sur-le-Mein. Ils procédaient par effraction et, à cet effet, opéraient en bandes ; ils envoyaient des explorateurs en avant, puis le gros de la bande arrivait dans une voiture leur appartenant, et qui leur servait ensuite à emporter les objets volés. Leur plus grande prospérité a été entre 1820 et 1830. Vers 1840, un procès monstre a eu lieu à Berlin contre Lowenthal et consorts ; il y eut 520 inculpés, pour la plupart israélites, et le nombre des vols perpétrés dépassait 800. La valeur de l'argent volé s'élevait à 800,000 francs, les actes du procès remplissaient 2,000 volumes.

Avec le temps, ces voleurs avaient compris qu'il était nécessaire de quitter la province et de s'établir à Berlin, où il s'offrait plus d'occasions fructueuses et plus de facilités pour se débarrasser du butin. Peu à peu l'élément israélite a disparu, la très grande majorité des malfaiteurs berlinois sont aujourd'hui des protestants ou des catholiques. Si le juif ne constitue plus un élément important, son influence a été durable et elle a laissé son empreinte dans l'argot des voleurs, qui se compose en grande partie de termes détournés de l'hébreu et aussi de mots empruntés à la langue romane des bohémiens.

La spécialisation est un des traits distinctifs de notre époque ; chaque profession, chaque corps de métier adopte la division du travail. L'industrie du vol a suivi la tendance universelle, et la plupart des voleurs de Berlin se renferment dans une branche spéciale.

Les voleurs de profession ont ainsi admis le principe que, pour arriver à la plus grande perfection possible, il est indispensable de choisir une spécialité déterminée et de se borner à la pratiquer exclusivement. Ils ont donc tous une spécialité qu'ils cultivent assidûment et dont ils ne s'écartent qu'à la dernière extrémité.

Le pickpocket ne se livre pas à l'effraction, et réciproquement, le cambrioleur ne s'adonne pas au vol à la tire. L'un et l'autre considèrent comme au-dessous de leur dignité d'empiéter sur le terrain d'autrui et affectent l'indignation lorsqu'on les en accuse. Il arrive souvent qu'un voleur par effraction, accusé d'avoir pris part à un vol de jour dans un magasin, se lâche et répond : « Monsieur le commissaire, vous savez bien ce que je fais et que je ne m'amuse pas à des bagatelles de ce genre. »

Dans le même ordre d'idées, le criminel de profession, accusé d'avoir pris part à un vol exécuté contre toutes les règles de l'art, se récrie avec énergie : « Si j'en avais été, je n'aurais jamais commis cette sottise. »

Cette division du travail a certainement contribué à rendre les criminels berlinois plus redoutables.

Une pratique continue affine singulièrement les facultés maîtresses nécessaires pour réussir dans les entreprises. Il est vrai, cependant, que la tâche des agents chargés de l'instruction en devient plus facile. Les pickpockets de Berlin (*torfdrucker* ; *torf*, bourse ; *drucken*, tirer) sont célèbres. Ils opèrent de préférence dans les foules, aussi bien dans la rue que dans les théâtres, aux cirques, aux gares de chemins de fer ; ils s'attaquent de préférence aux étrangers ou aux provinciaux.

Après avoir reconnu la poche à l'aide d'un attouchement très léger, ils y introduisent l'index et le médium qui, formant tenailles, ramènent la proie. Le cas échéant, un coup de canif bien affilé coupe le vêtement.

Le voleur à la tire opère ordinairement avec des complices, qui lui servent de paravent, et auxquels il passe l'objet volé. Il y a parmi eux beaucoup de femmes et d'enfants qu'on dresse à ce genre de vols et auxquels on apprend, au début, à faire les mouchoirs.

Il paraîtrait que le vol à la tire est on décroissance. Les pickpockets hongrois et polonais, qui possèdent une habileté extraordinaire et qui sont de véritables artistes, se seraient décidés à éviter Berlin depuis que de nombreuses arrestations et condamnations ont eu lieu.

Le rapport décennal fait observer, non sans une certaine naïveté, que la façon dont les femmes tiennent aujourd'hui leur porte-monnaie en facilite singulièrement l'enlèvement dans les foules.

On abandonne aux débutants la tâche de dépouiller les ivrognes ou les gens endormis sur les bancs. Le début de la saison froide coïncide avec une augmentation du vol des paletots dans les restaurants et dans les salles de l'Université. Les coupables, qui ne tardent pas à se faire prendre, appartiennent rarement aux professionnels ; ce sont, le plus souvent, des commis sans place ou d'anciens étudiants.

Les magasins sont exploités par des catégories spéciales qui opèrent ordinairement deux par deux. Les femmes qui pratiquent ce genre de vols portent entre les jambes une grande poche dans laquelle elles entassent les articles sur lesquels elles peuvent mettre la main ; ou bien elles ont, sous leur jupe, une série de lacets terminés par des crochets pointus, auxquels elles attachent les objets.

Les tiroirs des caisses, dans les magasins, sont explorés par d'autres voleurs armés d'une baleine dont le bout est enduit de glu.

Les logements de la classe ouvrière qui prend des coucheurs à la nuit sont cultivés par des spécialistes, de même que les greniers où l'on fait sécher le linge.

La disparition des chaises de poste, derrière lesquelles on attachait les bagages, a fait disparaître également l'industrie de ceux qui les volaient en coupant les cordes. Ceux-ci pratiquent aujourd'hui le roulottage, c'est-à-dire enlèvent subrepticement des camions les colis en l'absence du cocher qui est allé faire une livraison ; ce n'est d'ailleurs pas uniquement le fait des roulottiers, mais des camionneurs eux-mêmes. Après avoir pris un grand essor, cette spécialité est en décroissance.

Le voleur berlinois est un artiste qui vient à bout des serrures les plus compliquées. Toute une catégorie d'ouvriers serruriers s'adonnent à la fabrication de fausses clés. Les instruments dont le voleur se sert sont à peu près les mêmes dans tous les pays : un ciseau, de fausses clés et une scie en acier. A Berlin, il y a une catégorie de voleurs qui font la guerre aux coffres-forts, et qui sont arrivés à une adresse extrême dans l'art de les forcer, au besoin de les scier. De ce côté aussi la police se flatte d'une amélioration.

En 1890, Berlin ne possédait plus de célébrités comme Imm, Pattri, Strauss, qui étaient redoutés pour leur audace et leur habileté à ouvrir les coffres-forts.

Les exploits nocturnes des bandes qui, en 1885 et 1886, terrorisaient la population de Berlin et des environs, ont cessé. Dans ces visites, les malfaiteurs enfermaient sous clé les habitants surpris dans leur chambre à coucher. Deux fois seulement des voleurs saisis sur le fait se sont défendus à coups de revolver.

Une affaire qui fit beaucoup de bruit à Berlin fut celle de vols commis à l'aide de fausses clés au ministère de la justice, de l'intérieur et chez le commandant de la place. L'auteur en était un cambrioleur de profession qui travaillait, par principe, tout seul, sans complice, et qui, actuellement, subit sa peine.

Le vol fameux chez le banquier Paasch, dans le bureau duquel les voleurs ont pénétré en perçant un trou au plafond (ils avaient loué les pièces au-dessus), a été exécuté par des Anglais.

Les voleurs britanniques viennent de temps en temps donner des représentations en Allemagne, et ils se montrent infiniment supérieurs à leurs confrères allemands, notamment par la qualité des outils qu'ils emploient.

Ce sont des Anglais qui, en 1890, ont attiré l'attention de la police de Berlin, à la suite d'une tentative d'effraction faite à Hanovre, parce qu'ils détruisirent la porte en fer d'un caveau contenant 7 millions de valeurs, à l'aide d'une soufflerie à gaz.

Les vols par effraction, à l'aide de fausses clés, dans les comptoirs, les magasins et les débits, en vue de l'argent qui peut se trouver en caisse, sont assez fréquents, ainsi que dans les logements qui restent, à un moment donné, sans garde le dimanche ou l'après-midi.

Un auxiliaire indispensable, c'est le receleur, qui abonde sous forme de revendeur, de marchand à la toilette, de prêteur sur gages. La police le surveille de près, mais elle est souvent impuissante. Les receleurs ont des correspondants en province auxquels ils expédient la marchandise, en se servant le plus souvent de la poste.

Berlin est riche en joueurs de bonneteau, qui exploitent les provinciaux et les badauds, les entraînent dans des restaurants de dernier ordre et leur prennent tout l'argent qu'ils ont sur eux. Cependant, ces pratiques semblent réussir moins fréquemment ; en tout cas, les plaintes sont moins nombreuses.

Les colporteurs, qui vont de maison en maison ou dans les cafés, écoulent de la marchandise d'une nature spéciale, fabriquée dans des manufactures *ad hoc*, des montres en cuivre doré, par exemple, ou de la fausse bijouterie. Berlin est un centre de fausse monnaie. En moyenne, il y a une dizaine de procès de faux monnayeurs par an. Depuis qu'on a arrêté en 1880 deux lithographes, on n'a plus saisi de faux billets de la Banque d'Allemagne. On rencontre parfois encore de faux billets de l'État, mais depuis l'arrestation de la bande Lomba, il n'en a plus été fabriqué à Berlin. La circulation de la fausse monnaie a diminué depuis 1886.

L'armée du crime ne semble pas avoir fait preuve de grande imagination pour découvrir des procédés nouveaux ; ce sont encore les vieilles manœuvres qui, malgré tous les avertissements de la presse, réussissent toujours.

Le vol au cautionnement ou au mariage continue à faire de nombreuses victimes. L'introduction du téléphone a cependant permis de commettre des escroqueries. Les annonces dans la presse servent à certains individus peu scrupuleux pour attirer des dupes ou pour offrir leurs services à qui en a besoin ; par exemple, le négociant qui veut faire faillite trouve par là des teneurs de livres qui lui composent une fausse comptabilité bien ordonnée.

Une plaie de Berlin, ce sont les agents d'affaires qui, sous prétexte que les avocats ne peuvent s'occuper que des affaires importantes, font des dupes parmi les petites gens. Ils leur escroquent des sommes plus ou moins considérables, sous prétexte d'acheter la bienveillance du greffier ou des fonctionnaires subalternes du tribunal. Moyennant une somme payée à forfait, quelques-uns de ces agents d'affaires se chargeaient de fournir les preuves du bien fondé de la plainte ou la justesse de la défense ; ils se faisaient donner des renseignements circonstanciés par leur client et celui-ci était tout étonné, le jour du procès, de voir défiler toute une série de témoins qu'il ne connaissait pas, et qui, avec un sérieux imperturbable, déposaient, sous la foi du serment, de faits qu'ils ignoraient complètement. Quelques condamnations sévères ont mis un terme à ces agissements. Les dénonciations de vols sont souvent fausses. Les personnes qui ont disposé de sommes qui leur avaient été confiées cherchent à se disculper en disant qu'elles ont été attaquées et dépouillées par des inconnus. Comme remède, on a demandé que celui qui fait une fausse dénonciation puisse être poursuivi.

Le nombre des parjures, des attentats à la pudeur, des outrages aux mœurs, notamment des attentats contre les enfants avec complicité des parents, augmente. On se rappelle à Berlin la sensation que produisit l'affaire du professeur de musique Neumann qui s'était rendu coupable de ce crime sur cinquante de ses élèves.

Les infanticides et les avortements s'accroissent. La police de Berlin croit que le renchérissement de la vie qui pèse lourdement sur les classes pauvres, qui leur fait redouter une augmentation de famille, y contribue. Le nombre des détournements opérés par des commis, caissiers ou teneurs de livres grandit également.

Berlin ne semble pas offrir un terrain propice aux escrocs de la haute pègre internationale ; ils s'y montrent rarement et disparaissent vite. Les plus connus dans les dernières années sont les voleurs d'hôtel Ostrowski et l'officier russe Sawine. Ce dernier est devenu célèbre par la façon audacieuse dont, à plusieurs reprises, il s'est échappé de wagon. Il demeura d'abord en 1884 comme prince de Savine, en compagnie d'une belle personne qui s'appelait ou qui se faisait appeler comtesse Megem, à l'hôtel Impérial à Berlin et s'introduisit dans l'aristocratie et la diplomatie.

Saisi en flagrant délit de tricherie au jeu, il parvint à s'enfuir de Berlin, fut arrêté après des aventures romanesques à Genève, livré au gouvernement russe et condamné à six ans de bannissement en Sibérie.

Le jeu de hasard est pratiqué ouvertement aux courses, où fonctionne le pari mutuel. Du point de vue de la police, la tolérance du pari mutuel, malgré un arrêt de la cour suprême reconnaissant à celui-ci tous les caractères du jeu de hasard, semble regrettable. Le fait que la mise du joueur ou de parieur est parfois remboursée avec un bénéfice trente ou quarante fois supérieur exerce un attrait considérable, et il en résulte des inconvénients nombreux. On a préféré la réglementation du pari mutuel à l'affluence des bookmakers, plus dangereux pour le public et plus difficiles à surveiller. Ceux-ci travaillaient même avec les classes inférieures, parmi lesquelles ils faisaient de nombreuses victimes, et auxquelles on est parvenu à rendre l'accès du totalisateur trop onéreux, en prélevant un droit d'entrée élevé. La police est relativement désarmée contre le jeu dans les cabinets particuliers des restaurants élégants, parce qu'il lui incombe de faire la preuve, soit du jeu professionnel, soit de la complicité du propriétaire du local.

On a cependant pu mettre la main, à différentes prises, sur des joueurs qui déployaient moins de prudence, qui se recrutaient parmi les artisans et les négociants et qui se livraient aux douceurs du poker.

La loi du 24 mai 1860 contre l'usure a eu pour conséquence de rendre les usuriers plus circonspects et de les amener à donner à leurs opérations l'aspect de transactions commerciales. On a là, une fois de plus, la preuve des inconvénients qui résultent de l'intervention législative venant réglementer des cas spéciaux, sortis du cadre plus large du droit commun. Les victimes les plus fréquentes des usuriers sont les officiers, et ceux-là, pour des raisons faciles à deviner, se décident rarement à porter plainte.

Les usuriers habiles savent si bien embrouiller les choses, que le tribunal n'arrive guère à s'y reconnaître et est embarrassé pour prononcer une condamnation.

De 1881 à 1890, la police a gardé dans ses mains et livré à la justice 43,419 personnes.

	Hommes	Femmes	Total
Meurtres et complicité	94	60	154
Coups et blessures	1,544	42	1,586
Abandon d'enfant	2	25	27
Avortement	45	194	239
Séquestration	21	2	23
Menaces	223	3	226
Fausses dénonciations	26	8	34
Vols à main armée	321	14	335
Vols	17,849	5,047 (142 enfants)	23,038
Chantage	253	15	268
Recel	1,005	305	1,310
Détournemens	3,478	451	3,929
Escroquerie	2,061	396	2,457
Faux	958	86	1,044
Proxénétisme	1,118	103	1,221
Banqueroute	78	4	82
Attentats à la pudeur	1,564	93 (3 enfants)	1,660
Haute trahison	2	«	2
Résistance aux agents	2,754	247	3,001
Fausse monnaie	103	21	124
Lèse-majesté	188	5	193
Corruption de fonctionnaires	5	3	8

Faux noms	20	1	21
Incendies volontaires	37	16 (3 enfants)	76
Parjures	64	16	80
Bigamies	12	«	12
Contraventions à la loi contre les socialistes	88	2	90
Jeux de hasard	181	1	182
Adultères	87	1	88
Duels	3	«	3
Homicides par imprudence	34	3	37

La quatrième division de la présidence de police est chargée de la lutte contre le crime et le vice. Le nombre des affaires dont elle a eu à s'occuper en 1881 était de 250,000, et en 1890, il s'est élevé à 314,000.

En dehors du chef de la police criminelle, le comte Puckler, le personnel se compose d'un conseiller de police, de trois inspecteurs, de trente-quatre commissaires, treize sous-officiers, cent cinquante et un agents commissionnés. Pour le service de surveillance, il y a des agents qui n'ont pas comme ceux-ci la qualité de fonctionnaires, et qui peuvent être congédiés sans préavis, étant payés au jour le jour sur les fonds à la disposition du bureau de la sûreté.

Les commissariats de quartier sont appelés en première instance à s'occuper des crimes ou délits qui leur sont signalés ; ils ont pour cela recours aux agents de la sûreté, qui doivent surveiller les personnes soumises au contrôle de la police, les individus suspects et les receleurs connus. Dès que le cas est grave ou important, on prévient par le télégraphe ou le téléphone le bureau criminel, qui envoie aussitôt sur les lieux un commissaire de police spécial.

Les services que la police criminelle peut rendre dépendent de la capacité du personnel qu'elle emploie et dont la sélection exige un soin particulier. On bon agent doit posséder toute une série de facultés physiques et intellectuelles qui se trouvent rarement réunies : résistance à la fatigue, sang-froid, discrétion, courage, tact, bonne mémoire. Il faut y joindre le talent de frayer avec les malfaiteurs, de savoir gagner leur confiance. Le succès dépend souvent de l'habileté d'entrer en relation avec les classes dangereuses, de connaître leurs habitudes, leur façon de penser, leur argot ; un point important, c'est d'éviter de les traiter avec brutalité, lorsqu'ils sont dans les mains de la police ; on s'en trouve souvent très bien plus tard.

Afin de recruter un personnel d'élite, on choisit parmi les sergents en uniforme du service ordinaire, ceux qui ont une bonne conduite et qui semblent doués d'aptitudes particulières. Le recrutement des commissaires spéciaux est relativement plus difficile ; on s'efforce de les prendre parmi de jeunes lieutenants de police, qui ont fait leur apprentissage dans la police criminelle, et il arrive même que l'on fasse avancer des sous-officiers qui se sont particulièrement distingués. Les commissaires spéciaux sont chargés et responsables de l'instruction de leurs subordonnés ; celle-ci ne peut se faire qu'oralement et par la pratique. Il n'existe pas de manuel où l'on puisse apprendre la théorie du métier. La nécessité de connaître les articles du code, qui s'appliquent aux arrestations, saisies et perquisitions, a fait élaborer un petit traité sur les fonctions de la police criminelle dont un exemplaire est remis à chacun des agents.

Nous avons déjà dit que depuis 1886 ceux-ci sont armés de revolvers. Ils touchent une indemnité de 360 marks, dont ils consacrent la plus grande partie à l'achat de vêtements civils.

Quelques procès criminels retentissants ont eu pour conséquence de faire modifier l'organisation du service de la sûreté, notamment par la création de trois inspecteurs qui ont une sphère d'activité plus étendue que les commissaires criminels.

On a senti à Berlin, en présence de la division du travail et de la spécialisation qui sont aujourd'hui la note dominante du crime, la nécessité d'opposer aux malfaiteurs la même organisation dans la prévention et la répression.

Les criminels de profession exploitent une branche délimitée, braconnent rarement sur le terrain d'autrui, mais ils ne bornent pas leur champ d'action à un seul quartier ; loin de là, les auteurs principaux, les complices et les receleurs ne demeurent pas généralement dans le quartier où le crime a lieu. Les commissaires de quartier, déjà surchargés d'affaires, n'ont guère le moyen de se tenir suffisamment au courant de la personnalité et des relations des criminels de profession. Ce soin incombe à la seconde des trois inspections supérieures qui comprend les fonctionnaires chargés de la sûreté publique et qui a dans son ressort les agents auxiliaires et l'album des criminels. La première inspection est chargée du contrôle des personnes placées sous la surveillance de la police et de celles qui sont considérées comme dangereuses. Cette mission est confiée à l'agent affecté à chaque commissariat de quartier, et il est recommandé d'agir avec tact, avec prudence, de manière à ne pas empêcher les individus surveillés de gagner leur vie. En 1881, 1,651 anciens condamnés étaient sous la surveillance de la police, en 1888, 1,128, en 1890, 607. Cette diminution est due en partie à une différence dans l'établissement des statistiques ; la sévérité du contrôle a également déterminé une partie des individus surveillés à établir leur domicile en dehors de Berlin.

Afin d'empêcher les conflits de compétence entre la police de Berlin et celle des localités voisines, conflits toujours funestes à l'efficacité du service, le ministre de l'intérieur a été autorisé à étendre le rayon de la police de Berlin, et l'on a détaché dans les villes voisines un certain nombre d'agents de la sûreté.

Les moyens accessoires que la police emploie sont les indicateurs ou *vigilants*, l'album photographique et la presse. On se sert des indicateurs pour rester en contact direct et permanent avec le monde du crime. Celui-ci n'est pas sans une certaine organisation en vertu de laquelle des malfaiteurs de profession, appartenant à la même catégorie, se connaissent entre eux, fréquentent les mêmes locaux, où ils s'entretiennent des incidents de leur existence, où ils préparent des crimes, cherchent des complices et des débouchés pour l'écoulement des produits du vol. La police a le plus grand intérêt à être tenue au courant des entreprises projetées ou exécutées ; ses agents officiels n'ont que difficilement accès dans les cercles du crime, et si habiles qu'ils soient à se masquer, à se grimer, ils ne tardent pas à être *brûlés*. Il faut donc chercher à recruter parmi les malfaiteurs eux-mêmes des dénonciateurs. C'est là une besogne très délicate pour les commissaires, et tous ne parviennent pas à savoir travailler avec les auxiliaires. Les sujets qui, par amour du lucre, trahissent leurs compagnons, inspirent de prime abord de la méfiance ; il arrive, en effet, que sciemment ils mettent sur une fausse piste ou qu'ils servent d'agents provocateurs. Leurs relations avec la sûreté ne les empêchent d'ailleurs pas de prendre part, le cas échéant, à des crimes. Toutes ces objections à leur emploi sont cependant insuffisantes ; le service de la sûreté serait désarmé, s'il lui était interdit de recourir aux *vigilants*. En effet, les coups les plus brillants et les plus heureux que tentent les voleurs sont ordinairement favorisés par la chance ; les auteurs en sont rarement surpris au moment de la perpétration. Il faut désespérer souvent de retrouver le produit du vol, car les malfaiteurs expérimentés se bornent à prendre l'argent comptant, les valeurs mobilières et les objets précieux qu'il est facile de fondre ou de dénaturer. Les indications que l'on reçoit des auxiliaires sont donc un point de départ pour les recherches, bien qu'il soit indispensable de les accueillir avec une extrême prudence et sous bénéfice d'inventaire.

Les auxiliaires sont payés en proportion de l'utilité de leurs renseignements ; on ne peut les faire comparaître comme témoins dans un procès, et leur nom ne figure pas dans les rapports de police. C'est en 1876 que l'on a commencé à collectionner les photographies qui forment aujourd'hui l'album servant aux constatations d'identité. En 1890, cet album contenait treize volumes, divisés par catégories et dont les trois derniers tomes sont consacrés aux criminels internationaux, aux vagabonds et aux malfaiteurs étrangers. Pour servir de complément, on a fait une collection d'autographes, une liste de faux noms, sobriquets, une liste des signes particuliers, blessures, tatouages, etc., une liste des spécialités dans laquelle on catalogue les voleurs, enfin un registre des souteneurs. Dans les dix dernières années, plus de 1,000 criminels de profession ont été reconnus à l'aide de l'album.

On ne s'est pas décidé encore à introduire le service anthropométrique qui fonctionne avec tant de succès à Paris. On se contente d'identifier les malfaiteurs à l'aide des photographies que l'on possède.

Enfin on a organisé un musée qui renferme des spécimens de l'outillage dont se servent les voleurs [7].

Le public peut prêter un concours précieux à la police, mais à Berlin comme dans d'autres villes, on constate une répugnance très vive à entrer en contact avec le service de la sûreté. On craint les ennuis, les désagréments, les pertes de temps qui peuvent en résulter.

La presse, par la publicité qu'elle donne, est un auxiliaire inappréciable ; aussi la police de Berlin envoie-t-elle directement, et sans distinction de couleur politique, des communiqués à tous les journaux. Ceux-ci d'ailleurs, surtout s'ils cultivent spécialement le fait divers, ne se contentent pas des nouvelles de source officielle ; ils ont leurs propres reporters, auxquels on est redevable souvent d'informations à sensation.

Il se publie à Berlin une feuille spéciale, rédigée par la police, ne contenant que des matières intéressant la sûreté et dans laquelle les États étrangers font des insertions. On y reproduit les mandats d'arrêt, les signalements.

Le service des mœurs, qui a été rattaché à la quatrième division, est fait à Berlin par un inspecteur, un commissaire, dix sous-officiers, cent trente et un agents. La police des mœurs a pour mission de combattre la prostitution, et il faut rendre cette justice à l'administration berlinoise qu'elle agit avec une rigueur et une vigueur extraordinaires. Dans les dernières années, on a beaucoup agité la question de savoir ce qui était pire, la prostitution casernée ou la prostitution libre, et si la réglementation en était utile. Les maisons publiques, qui survivent encore à Hambourg, à Leipzig, à Mayence, ont été fermées à Berlin le 31 décembre 1856. Leur rétablissement exigerait une modification dans le code pénal et il est permis de se demander, si l'on atteindrait ainsi le but de rendre le contrôle plus sévère, en internant et en localisant la prostitution, qu'on se plaint de voir répandue et disséminée sur toute la ville. Il n'existe pas de moyen légal d'enfermer, contre leur gré, les filles dans les maisons de tolérance, et, de plein gré, le nombre de celles qui consentiraient à sacrifier leur liberté, sans changer leur genre de vie, ne serait pas considérable.

La réglementation, qui est combattue par la fédération britannique et continentale, a son point de départ dans différons articles du code pénal allemand, soumettant à un contrôle les personnes qui se livrent habituellement à la prostitution. Les adversaires de la réglementation affirment qu'il est au-dessous de la dignité de l'État de paraître pactiser avec le vice, que le contrôle, en infligeant une sorte d'empreinte officielle, tue le dernier reste de pudeur chez les filles, et que la santé publique n'y gagne pas grand'chose.

La police de Berlin, tout en reconnaissant la valeur de ces considérations morales, est d'avis que l'État ne saurait laisser la liberté complète à la prostitution, que d'ailleurs la réglementation a d'assez bons côtés et qu'il ne faudrait pas y renoncer avant d'avoir trouvé un autre remède ; elle croit également à l'efficacité du contrôle médical. Si donc le contrôle et la visite obligatoire peuvent être considérés comme offrant des avantages, les conséquences graves qui en découlent doivent rendre très circonspect sur l'application.

L'inscription sur les registres de la police n'est faite, — à moins que la fille arrêtée ne déclare sa volonté de continuer son métier, — qu'après plusieurs avertissements ; elle n'a donc pas lieu d'office, et la fille peut y échapper en consentant à se laisser conduire dans une des institutions qui s'occupent du relèvement moral. Il est triste de constater que, de 1880 à 1890, deux fois seulement on s'est trouvé en présence de femmes disposées à entrer dans ces asiles. Il est très regrettable que ces malheureuses aient une aversion presque insurmontable contre des établissements philanthropiques, aversion fondée sur la discipline trop sévère et le travail excessif. Pour les mineures, l'inscription n'a lieu que si la sommation adressée aux parents ou aux tuteurs, de placer la personne dans une famille respectable, est restée sans réponse. On a dû renoncer au désir de ne pas inscrire de filles au-dessous de seize ans, parce que ces jeunes filles sont souvent tellement corrompues et raffinées que la nécessité de la sécurité publique oblige de les porter sur les registres.

Néanmoins leur nombre n'est pas considérable ; il est de six à sept par an. Le total des filles inscrites a été de 3,465 en 1881, de 3,006 en 1886, de 4,039 en 1891.

Par suite d'un arrangement avec le comité central des missions intérieures en 1882, la police a admis la coopération d'institutions philanthropiques ou religieuses pour essayer d'arracher au vice les femmes avant leur inscription. C'est ainsi qu'en 1890 on a communiqué le nom de 849 personnes dont lui seulement ont montré des dispositions à s'amender. Si les filles inscrites prouvent qu'elles ont un métier honorable, on les dispense provisoirement du contrôle, et si la surveillance de la police confirme qu'elles ont abandonné leur genre de vie antérieure, on les raie définitivement. Le nombre de celles qui rentrent ainsi dans les conditions régulières de l'existence est de 300 à 400 par an. En 1890, 49 personnes ont été rayées par suite de mariages ; une partie de ces unions n'ont été contractées que pour échapper à des expulsions de Berlin, et une fois mariées, les femmes ont continué leur triste métier. Bien peu ont la force morale suffisante pour sortir du marécage : légèreté naturelle, recherche du plaisir, salaires insuffisants, séduction et abandon, ce sont là les causes générales qui alimentent de nouvelles recrues la prostitution urbaine, et ce sont aussi les obstacles qui empêchent trop souvent le retour au bien.

Un obstacle provient également des souteneurs. Ces individus sans profession avouable, qui se laissent entretenir par les filles, ont un intérêt à ne pas être abandonnés de celle qui pourvoit à leurs besoins. A force de menaces et de mauvais traitements, ils étouffent chez elle toute étincelle meilleure [8]. Le souteneur se retrouve partout à la suite de la prostitution. Il est de l'essence des filles, fait remarquer le rapport décennal berlinois, de se sacrifier à un homme placé sur le même niveau social qu'elles-mêmes, avec lequel elles peuvent frayer librement et dont elles peuvent se croire aimées. Elles sont d'ailleurs bien mal payées de retour ; le *Louis* n'a pas la moindre affection sentimentale pour la fille qu'il exploite ; il ne s'émeut que si elle est condamnée à une détention plus ou moins longue, car c'est la misère pour lui, à moins qu'il ne trouve aussitôt à la remplacer.

Ce serait une illusion de croire qu'on pourra aisément se débarrasser de cette peste. Cependant la police de Berlin a réussi à diminuer le nombre des souteneurs, depuis qu'un arrêt du tribunal de l'empire en date du 17 octobre 1884 a établi la jurisprudence que le lait d'accompagner, pour la protéger, une femme se livrant à la débauche professionnelle constituait un acte de proxénétisme. C'est ainsi qu'en 1890 on a pu arrêter 126 souteneurs, 102 en 1889, 197 en 1888.

On espère pouvoir lutter avec plus de succès encore lorsque le code pénal allemand aura été enrichi d'une disposition spécialement applicable aux souteneurs. La crainte de la maison de correction sera plus efficace que toute condamnation pour proxénétisme, et l'on ne voit pas pourquoi on n'y enverrait pas aussi bien le souteneur vivant de la débauche d'autrui, que le mendiant ou le vagabond récidiviste [9].

Depuis 1886, la police des mœurs a été incorporée de nouveau au service de la sûreté. On y a été amené en voyant les rapports intimes qui existent entre les voleurs de profession et les prostituées, qui offrent un asile pour se cacher, qui sont au courant ou complices de bien des crimes, qui servent de receleuses, et qui peuvent rendre de grands services à la police criminelle. Les agents du service des mœurs et de la sûreté ont ordre de s'entr'aider dans l'exercice de leur mandat.

A Berlin, à dater de 1879, les bals publics devaient être fermés à minuit. Cette mesure avait eu pour conséquence de faire refluer la prostitution dans la rue ou dans les cafés de nuit, que l'on appelle, à Berlin, des cafés viennois. Aussi, en 1886, a-t-on remis à deux heures le moment de la fermeture des bals publics. Les cafés viennois continuent à être le lieu de rendez-vous, la bourse de la prostitution. Mais comme ils ne sont fréquentés que la nuit et seulement par un public spécial, on trouve avantage à les laisser ouverts pour dégager le trottoir.

La police s'occupe naturellement des cafés et débits desservis par des femmes. En 1890, il en existait 924, employant 2,022 femmes. Ceux où l'on sert uniquement de la bière à bon marché ne donnent lieu à aucune plainte, tandis que ceux (y compris les cafés-concerts) où à côté de la bière on débite aussi du vin sont uniquement destinés à exploiter la légèreté et les passions. Des filles en toilette, dont le nombre n'est pas du tout en proportion avec le chiffre restreint des visiteurs, s'efforcent, par toutes sortes de séductions, d'attirer les gens dans les pièces réservées à la consommation du vin ; on y débite très cher des boissons frelatées, qui sont bues par les filles, le débitant, le pianiste. La police est relativement impuissante : ces locaux mal famés doivent fermer à onze heures du soir, et cela se fait en apparence, mais comme ils ne peuvent subsister qu'à l'aide des recettes nocturnes, on y laisse entrer le public initié, à l'aide d'un signal convenu. L'astuce du patron et du personnel rend souvent infructueuses les descentes de police. Le pire, c'est qu'en cas de contravention, la pénalité se borne à une amende insignifiante [10].

La police de Berlin a également dans ses attributions la saisie des livres, images et autres articles obscènes. On a procédé à 41 saisies en 1881, à 15 en 1887, à 22 en 1890. En 1890, on a saisi d'un coup 16,000 exemplaires d'une publication pornographique.

Les négociants qui se livrent à ce trafic sont devenus très prudents. Ils ont cessé de tenir l'article prohibé chez eux et ils ne l'envoient que sur commande. Il arrive d'ailleurs que souvent le client est trompé sur la qualité de la marchandise, et qu'au lieu d'une lecture piquante, on ne lui donne que d'ennuyeux romans.

La législation allemande, en matière de proxénétisme, est bien sévère ; elle expose parfois à une pénalité le propriétaire ou le locataire principal et c'est pour cela qu'ils cherchent à se renseigner, auprès de la police, sur la moralité des femmes qui veulent louer un appartement ou une chambre. La police, de son côté, se montre très réservée toutes les fois qu'il s'agit de donner des renseignements, d'une part afin d'éviter qu'on en lasse un mauvais emploi, et aussi pour ne pas rendre trop difficile aux filles de se loger. Les filles sans domicile constituent une catégorie particulièrement dangereuse.

Le 21 octobre 1891, le roi de Prusse adressait à son ministère d'État un rescrit qui témoignait de l'impression profonde produite par les révélations du procès Heinze. « Ce procès, disait Guillaume II, a fait éclater une fois de plus, d'une façon effrayante, le fait que le métier de souteneur accompagnant une prostitution étendue dans les grandes villes, et notamment à Berlin, est devenu un danger qui menace l'État et la société. Afin de combattre énergiquement cette plaie, il faut se demander, en premier lieu, dans quelles mesures les lois existantes permettent de faire la guerre aux souteneurs. Cette mission incombe à la police et aux tribunaux. Il faudra faire un devoir à la police d'agir avec vigueur, et, au besoin, sans scrupule contre cette classe dégradée, mais en même temps il faudra assurer les agents chargés de la répression que l'énergie de leur attitude aura non-seulement droit à la reconnaissance, mais encore, le cas échéant, qu'ils me trouveront prêt à les protéger. En ce qui touche l'application des lois existantes, il faut faire de grands efforts pour que les tribunaux, dans leurs arrêts, ne se laissent pas guider par une fausse humanité, et que même à ceux qui comparaissent devant eux pour la première fois, ils n'hésitent pas à appliquer des pénalités sévères. Il sera utile également de rechercher dans quelle mesure le code pénal actuel a besoin d'être amendé. »

Ce rescrit, auquel manquait le contre-seing d'un ministre et dans lequel on a voulu voir un empiétement sur l'indépendance de la magistrature, porte l'empreinte de l'énergie primesautière du jeune empereur.

D'autre part, on a justifié l'absence d'une signature ministérielle au bas de ce rescrit en disant qu'il fallait le considérer comme l'expression, en quelque sorte, des vues privées du souverain et comme une preuve de la sollicitude avec laquelle il envisage la sécurité de sa capitale. Quoi qu'il en soit, il en est sorti un projet de loi visant le règlement de la prostitution et aggravant les peines prononcées contre les souteneurs.

Le souteneur marié qui favorise la débauche de sa femme tombera sous le coup de la loi. Le proxénétisme sera puni d'un an à cinq ans de travaux forcés, lorsque le coupable sera le mari, le père, le tuteur ou l'instituteur. Le tribunal pourra condamner à une amende variant de 100 à 6,000 marks. Les souteneurs de profession seront punis au moins d'un mois de prison ; si c'est le mari, ou si le souteneur a usé de violences à l'égard de la personne se livrant à la débauche, la peine sera au moins d'un an de prison. — Le condamné, pendant les six premières semaines de la peine, sera soumis à une aggravation consistant, tous les trois jours, à coucher sur un lit de planches et à être mis au pain et à l'eau. A l'expiration de la peine, il sera placé sous la surveillance de la police. Les pénalités contre l'exposition et la vente des publications pornographiques sont également aggravées.

Une modification est introduite en même temps dans la législation, en ce qui touche la location d'appartements ou de chambres à des prostituées de profession ; celle-ci est autorisée à condition de se conformer aux règlements de la police.

On espère, de la sorte, pouvoir localiser davantage, dans certains quartiers déterminés, la prostitution, et en débarrasser le reste de la ville.

La dissolution du Reichstag n'a pas permis d'achever la discussion du projet de loi, qui avait été renvoyé à une commission, et celle-ci n'a pu résister à la tentation d'en étendre l'effet.

A côté des souteneurs, on a voulu punir les patrons qui cherchent à débaucher leurs ouvrières.

Certaines stipulations du projet de loi relatives aux maladies contagieuses sont même d'une nature telle que, faites pour sauvegarder la santé publique, elles laissent place au chantage.

Le projet de loi gouvernemental étend la faculté aux tribunaux de prononcer le huis-clos total ou partiel lorsqu'il s'agit d'un procès menaçant la moralité publique.

Les rédacteurs et les gérants de journaux qui contreviendront pourront être condamnés à 1,000 marks d'amende et jusqu'à six mois de prison.

On a reproché souvent à la police de Berlin de ne pas remplir d'une façon satisfaisante ses fonctions véritables et de se mêler d'une foule de choses qui ne la regardaient pas et qui eussent été bien mieux dans le ressort de l'autorité communale. Ces accusations ont été formulées plus d'une fois par les députés de l'opposition, lors de la discussion du budget du ministère de l'intérieur, et l'on engageait le gouvernement à prendre exemple sur le système anglais. Les défenseurs du système berlinois ont répondu qu'en effet il était exact qu'à Londres la police avait surtout pour mission de veiller à la sécurité du public, à prévenir les crimes et les accidents, avant d'en poursuivre criminellement les auteurs, et il semble qu'elle remplit bien sa mission. C'est l'impression qu'emporte l'étranger, frappé de l'activité des constables dans les rues ; mais si l'on va au fond, on s'aperçoit que tout n'est pas aussi parfait à Londres qu'on pourrait le croire. Ainsi ce n'est qu'en 1878 que Scotland Yard a été pourvu d'un département criminel, semblable à celui qui fonctionne à Berlin depuis longtemps et qui correspond au bureau de la sûreté à Paris. Les circonstances qui ont présidé à la naissance du Polizeipräsidium, les fondements sur lesquels il repose, la sphère d'activité qui lui a été assignée sont très différents, et celle-ci bien plus étendue que dans le système anglais. La pierre angulaire de celui-ci, c'est le constable : on admire le soin avec lequel il règle la circulation des voitures, avec lequel il veille à la sécurité de la rue ; le terrain qui lui est confié est limité, il connaît les maisons et les habitants ; si un inconnu suspect sort d'une maison, l'attention du constable est en éveil, et la nuit il s'occupe de voir que portes et fenêtres soient fermées. Il est bien payé, et ses heures de service n'ont rien d'excessif. Il n'a rien des occupations multiples qui incombent à son collègue berlinois : enregistrement des habitants, contributions, recrutement, assurances contre l'incendie, salubrité, police vétérinaire, constructions nouvelles, en dehors de la lutte contre le crime. Le constable anglais ne fait pas la chasse aux malfaiteurs, excepté lorsqu'il s'agit d'un flagrant délit ou de l'arrestation d'un individu porteur de marchandises volées.

A Londres, il n'existe pas d'institution qui oblige les locataires et propriétaires à aviser la police des arrivées et des départs. Il n'y a pas là de bureau spécial où l'on enregistre toutes les adresses et les changements de domicile et où, moyennant 30 centimes, on peut obtenir le renseignement qu'on se procure si difficilement à Londres ou à Paris. Le *Bottin* et le *Post office Directory* ne contiennent qu'une faible partie des adresses.

A Londres, l'État paie un tiers, la ville deux tiers du coût de la police ; à Berlin, l'État a pris les quatre cinquièmes à sa charge ; à Londres, le coût en 1880 était de 22 1/2 millions de francs, à Berlin de 7 millions de francs. En 1878, il a été arrêté 54,610 personnes, à Berlin 52,000.

Quant à l'efficacité même des services rendus, il est très difficile de faire une comparaison utile, vu la différence de l'organisation, des mœurs, du nom même des délits. Il faut tenir compte aussi de la diversité du fonctionnement judiciaire dans les deux villes.

Notes

1.   En 1714, 129 familles israélites habitaient Berlin ; en 1700, la colonie française se composait de 6,000 personnes pourvues de privilèges spéciaux.

2.   Dans le rapport sur l'administration communale de 1861 à 1875, les services rendus par le représentant de l'État durant les années où la ville ne faisait rien pour elle-même, sont reconnus.

3.   La progression a été surtout considérable depuis 1860 ; de 1860 à 1880, le chiffre a doublé, et actuellement il est trois fois plus considérable qu'il y a trente ans. Une ville aussi peuplée, où la circulation est d'une rare intensité jour et nuit, dans laquelle les

intérêts du commerce et de l'industrie sont de premier ordre, exige une grande activité de la part de l'autorité chargée d'y assurer la sécurité sous toutes ses formes. L'essor de Berlin date du règne de Frédéric-Guillaume IV, au fur et à mesure que les communications par voie ferrée ont mis la capitale en contact avec les provinces et l'étranger. En 1838, l'ouverture de la ligne Berlin-Potsdam était une expérience timide d'un mode de locomotion nouveau, qui, à ses débuts, n'éveilla pas beaucoup d'enthousiasme ; en 1880, onze lignes de chemins de fer pénétraient dans Berlin, sans compter le chemin de fer métropolitain achevé en 1881.

4.   Sur 373,930 électeurs inscrits, les socialistes ont obtenu au premier tour de scrutin, le 15 juin 1893, 150,977 voix, (? ? ?) de plus qu'en 1890.

5.   Dans une excursion que nous avons faite, il y a quelques années, dans les bas-fonds de Berlin, en compagnie d'un agent supérieur de la police, nous avons visité l'asile de nuit municipal avant sa reconstruction. Il était occupé par 207 malheureux, tandis qu'en hiver on en comptait jusqu'à 700 ou 800, auxquels il était alors impossible de se coucher et qui devaient passer la nuit assis sur des bancs ; ils avaient assez de place pour s'étendre tout de leur long. Le soir où nous y allâmes, cet asile de nuit se composait de trois baraques en bois, appartenant à la municipalité, qui se chargeait de l'entretien. On y recevait les gens jusqu'à deux heures du matin ; ils devaient décliner leur nom et ils ne pouvaient se présenter plus de trois fois de suite ou à courts intervalles, sans s'exposer à des poursuites pour vagabondage. — La police surveillait de très près les gens qui fréquentent cette hôtellerie gratuite de la misère. L'air y était singulièrement lourd et irrespirable. A l'exception de deux ou trois individus qui causaient avec un air de gravité intense, tout le reste dormait et ronflait. Les bancs étaient très étroits et le confort faisait absolument défaut. Il est impossible d'améliorer la couche de ces malheureux sans les attirer en plus grand nombre. Un contraste frappant, c'est la Herberge zur Heimat (l'Auberge du. Foyer), que j'ai visitée après cela. Cette auberge a plus ou moins une couleur religieuse, en ce sens qu'on y dit la prière à haute voix soir et matin, et qu'il y a sur le mur d'entrée l'inscription : « Prie et travaille. » Mais on y accueille tout le monde, sans distinction de religion, et on ne force personne à écouter la prière. Cette auberge

est destinée aux ouvriers et artisans qui passent par Berlin. On ne peut y loger-que trois jours de suite. Un lit coûte 0 fr. 37, 0 fr. 62, 1 franc et 1 fr. 25. J'ai été frappé de la propreté extrême de la maison et des lits. L'auberge prospère, bien qu'on n'y vende d'autre boisson que la bière.

6.   Au point de vue de la sécurité, Berlin occupe la dixième place en Allemagne, la quatrième en ce qui concerne les blessures graves, la huitième au point de vue du vol. A Londres, en 1888, il y a eu 28 assassinats, 192 tentatives d'assassinat. A Berlin, la moyenne décennale n'a été que de 2 assassinats par an. Sur les 22 meurtres de 1881-1890, 6 auteurs ont été exécutés, 11 condamnés aux travaux forcés, 4 seulement sont restés inconnus. Le nombre de crimes demeurés impunis à Londres est beaucoup plus considérable. Le 22 avril 1881, le cordonnier Bowitz tue sa femme à coups de couteau ; le 5 mai 1882, Henkelmann étrangle la servante Jaksch ; le 12 août 1882, le cocher Conrad tue sa femme et ses quatre enfants et pend les cadavres ; le 31 juillet 1882, la veuve Gottfried, une vieille prostituée de soixante-deux ans, est blessée mortellement à l'aide d'un instrument contondant, la nuit, par un individu demeuré inconnu ; le 16 décembre 1882, la veuve Kœnigsbeck est assassinée par le commissionnaire Dickhof, condamné pour ce crime et l'assassinat de la veuve Lissauer, commis en 1876 ; le 12 mars 1883, le garçon de bureau Sobbe assassine le facteur postal Cossaeth ; le 18 septembre 1883, le maçon Eichler coupe la gorge à sa femme ; le 29 mars 1884, le cordonnier Gronack tue sa femme, sa belle-sœur et le portier de la maison ; le 22 juillet 1884, le serrurier Meissner tue son ancienne maîtresse ; le 21 juillet 1885, le menuisier Schunicht assassine sa maltresse ; le 2 novembre, le commis Kowalski tue Mme Pœpke, épouse d'un secrétaire de la chancellerie ; le 7 juillet 1886, Marie Schneider, âgée de douze ans, précipite par la fenêtre un enfant de trois ans auquel elle avait pris ses boucles d'oreilles ; le 26 octobre 1886, le maçon Finger tue sa femme et son enfant ; le 10 avril 1887, le négociant Kreis est assassiné dans son bureau par son commis Guntzel ; le 27 septembre 1887, le veilleur de nuit Braun est assassiné près de l'église Sainte-Elisabeth, le cadavre pendu à un arbre ; c'est l'origine du procès Heinze, en 1891 ; le 25 décembre 1888, l'invalide Rose est assassiné ; le 10 avril 1889, l'apprenti ébéniste Brunott étrangle son compagnon d'atelier Skupke et en

jette la cadavre dans un trou à fumier ; le 14 septembre 1889, le tailleur Klausin tue la femme Vaness et la mère de celle-ci ; le 1er décembre 1889, l'ouvrier Cartsburg tue sa tante ; le 7 décembre 1889, le surveillant Meissner est assassiné dans la cave de la maison en construction ; le 2 mars 1890, l'ouvrier Franke assassine sa maîtresse ; le 19 juillet 1890, la femme du facteur Wende est assassinée dans le Thiergarten. — Les meurtriers Conrad, Eschler, Sobbe, Gronak, Schunicht et Clausin ont été exécutés. — On n'a pas découvert les assassins de la veuve Gottfried, de l'invalide Rose, du surveillant Meissner et de la femme Wende.

7.　　L'ouverture des portes et des armoires est facilitée aujourd'hui que l'on fabrique en gros et mécaniquement les serrures, et que, dans tout magasin de quincaillerie, on peut se procurer des clés faites d'avance, dont il suffit souvent de modifier la barbe par le limage.

8.　　La plus grande partie des individus de cet ordre sont nés à Berlin, tandis que la plupart des prostituées ont immigré dans la capitale. Entre eux, les gens se nomment par abréviation L et P L, ce qui signifie Lude et Patent Lude. Cette dernière expression désigne les Louis ou souteneurs qui procèdent avec élégance, avec raffinement et qui connaissent leur affaire à fond, par contraste avec le Luft-Lude, qui est vêtu misérablement, pusse sou existence dans les débits de bas étage, dans les parcs et sur les bancs. Le souteneur a l'obligation de protéger la prostituée, de lui procurer le logis, de la piloter dans les locaux publics, de la prévenir de l'approche de la police, de veiller à ce qu'elle reçoive la rémunération de ses services, enfin de lui prêter main-forte lorsqu'elle est attaquée par d'autres souteneurs ou par d'autres filles. C'est lui qui tient la caisse ; la prostituée n'obtiendra que ce qui est absolument nécessaire pour le loyer, la nourriture et les vêtements. On a évalué le revenu d'un souteneur entre 5 et 20 marks par jour. Le plus souvent, le Louis n'a pas de domicile fixe ; il dort chez la fille ou dans les cabarets. Tandis que les souteneurs bien entretenus s'habillent dans les magasins de confection et affectent une certaine) élégance, jaquette bleue, cravate claire, bottines vernies, on reconnaît ceux des faubourgs à leurs souliers lacés, à leurs bas rouges, au mouchoir bleu roulé autour du cou, à leur casquette de soie en forme de ballon. Les souteneurs se recrutent ordinairement parmi les garçons bouchers, les barbiers, les cordonniers, les garçons de café.

9.   Il y a quelques années, on interdisait aux souteneurs condamnés le séjour dans certains quartiers de la ville. On ne pouvait expulser ceux qui étaient nés à Berlin ou qui y avaient leur domicile, mais on pouvait restreindre les quartiers où ils avaient le droit de vivre. Dans son rapport sur la période décennale 1872-1881, la police de Berlin constatait que les souteneurs étaient beaucoup plus dangereux pour les agents que pour ceux qui fréquentent les filles. En effet, le service de la sûreté est tenu de faire, au moins une fois par semaine, la visite des logements occupés par des prostituées ; les agents ont souvent de la peine à y pénétrer et ils sont exposés à des coups et à des blessures de la part des souteneurs.

10.   Les filles qui servent dans ces cafés, qui se reconnaissent par une lanterne en verre de couleur et qui portent sur l'enseigne : « Bière et vin, » fournissent un gros contingent à la prostitution. Beaucoup d'entre elles viennent de l'Allemagne du Sud. Ce sont d'anciennes femmes de chambre, des vendeuses, des couturières, qui se figurent trouver un métier facile. En réalité, le métier est très dur et mal rémunéré.

ISBN : 978-1719323611

Printed in Great Britain
by Amazon

81287745R00031